AF599164

GRAFFITI

POESÍA

HUERGA & FIERRO EDITORES

HUERGA Y FIERRO EDITORES, S. L. U.
C/ SEBASTIÁN HERRERA, 9
28012 MADRID (ESPAÑA)
TELÉFONO: 91 467 63 61
E. MAIL: huerga@huergayfierro.com
WEB: www.huergayfierro.com

PRIMERA EDICIÓN
2025

DISEÑO DE ÁNGEL LUIS VIGARAY

DEPÓSITO LEGAL: M-9040-2025 — I. S. B. N: 979-13-990189-1-2
IMPRESO EN ROMADAC Industria del Libro.
IMPRESO EN ESPAÑA

TRES POETAS EN NUEVA YORK

Marino Berigüete

TRES POETAS EN NUEVA YORK

MARINO BERIGÜETE

GRAFFITI

HUERGA & FIERRO EDITORES

Para Melissa, mi hija, compañera de viaje, Walt Whitman, Federico García Lorca, José Martí, y las palabras que aún no he escrito.

Los hijos de Adán son miembros de un cuerpo,
creados de la misma esencia.
Cuando la vida aflige a uno de ellos,
los otros no pueden permanecer indiferentes.
Si no sientes la pena de los demás,
no mereces ser llamado humano.

SAADI DE SHIRAZ. Poeta persa

I

Tres poetas recorren New York,
sus voces flotan como ecos antiguos
por las avenidas que nunca duermen.
Whitman se encuentra entre la voces de las hojas caídas,
Lorca en las sombras que se estiran sobre el asfalto,
y Martí en el viento frío que recorre las esquinas.

Están en las calles,
desde antes que la noche se disuelva
en las primeras luces del día.
Caminan sobre el invierno,
donde el suelo guarda el recuerdo
de pasos que nunca cesaron,
huellas invisibles
que se mezclan con el ruido de los taxis
y el murmullo de los edificios.

Entre sus palabras, hechas poema,
la ciudad respira a través de ellos.
Se disuelven en el caos,
en el golpe de colores contra el acero,
en las luces que palpitan,
resistiendo el amanecer.

Son tres poetas solitarios
que deambulan entre bares cerrados,
hablando de versos como si fueran puentes,
de tiempos que ya no existen
pero que laten aún en las paredes grises.

Poetas de New York,
enredados en la niebla urbana,
dejando su aliento en cada esquina,
esperando, siempre esperando,
que la ciudad finalmente los escuche.

No son cuerpos,
son líneas escritas en el viento,
que se pierden en el aliento de la multitud,
como un rumor entre las luces de neón,
sin principio ni fin.

El cruce de cada avenida
es un compás sin ritmo,
donde los semáforos dictan un lenguaje
que ellos han olvidado.
Caminan por debajo del tiempo,
como si el reloj de la ciudad
no pudiera tocarlos.

Tres poetas en un diálogo sin palabras,
cuyos ecos resuenan en el subsuelo de la noche.
La poesía los rodea,
no como salvación,
sino como reflejo de una verdad
que no necesita decirse
para existir.

Sus sombras se alargan con la noche
y se disipan con el amanecer,
como si el sol fuera incapaz de atraparlas,
como si la claridad fuera su única ausencia.
Pero ellos están ahí,
entre los rascacielos y las luces,
entre el murmullo del río
y el crujir del concreto.

Tres poetas en New York,
testigos de una ciudad que no los nombra,
pero que vive a través de sus versos,
en la invisibilidad cotidiana
de las manos que se rozan,
del frío que golpea las ventanas
y de la vida que corre como un torrente
que nunca se detiene.

Ellos están ahí,
esperando, siempre esperando,
a que alguien,
al menos uno,
se detenga,
escuche,
y sepa que New York también respira
a través de ellos.

II

Camina por las venas húmedas de Manhattan,
donde la lluvia no cae,
sino que sube desde el asfalto,
como un pensamiento que regresa a la mente
sin haber sido llamado.

Los paraguas son apenas fragmentos de un cielo roto,
pedazos de sombra que no logran cubrir
el vacío que crece entre las gotas.
Y cada gota,
un verso que nunca llega a completarse,
se estrella en el suelo
como una palabra
que ha perdido su sentido.

Los rascacielos, torres de silencio,
se desdibujan en los charcos,
bailan como recuerdos en el agua turbia,
formas efímeras que el viento desordena
sin dejar rastro.
Mientras, la luna, apenas visible,
cita a las sombras,
y nadie responde.

Los taxis deslizan su amarillo sobre la piel de la ciudad,
como pinceladas que no terminan de secarse.
Las bocinas cantan en un idioma
que ya nadie escucha,
melodías rotas en la prisa del tiempo.

Cada paso es un intento de diálogo
con la lluvia que arrastra secretos
que no sabe si quiere entender.
La poesía lo cubre como un abrigo hecho de ausencias,
de palabras no dichas
que gotean desde el borde de su mente
y se evaporan antes de tocar la página.

Allí, en ese refugio líquido,
el alma no se moja,
se disuelve,
y en su disolución encuentra
la forma perfecta
de no ser.

New York
12 de abril 2024

III

En el vértice de la ciudad,
donde el asfalto respira cansado,
hay un silencio que no es silencio,
sino una grieta en la música de los autos.

Un faro, roto en su propio brillo,
parpadea.
—lento—
como voces que se disuelve
entre el ruido.

Cada esquina es un pliegue
de lo que nunca se dice,
un rincón que guarda
sombras que se doblan sobre sí mismas.

Mis pies recorren la piel de esta urbe,
tocan sus venas de concreto
y sienten cómo la noche
se oculta detrás de las ventanas,
sin permitir que nadie vea
el latido que no cesa,
aunque no lo escuchen.

Cada paso es un vacío
que no se llena.
Cada luz,
una memoria que se apaga
antes de nacer.

La ciudad no vive,
se detiene.
Se alza como una pregunta
sin respuesta,
esperando que alguien
detenga su mirada
y escuche el grito
que nunca sale
de las bocas de acero
que la sostienen.

IV

Camino por Harlem,
bajo un paraguas que no cubre la lluvia
sino el eco de voces lejanas,
memorias que laten en cada esquina
donde el viento se cruza con el pasado.

El asfalto, frío y gastado,
guarda las huellas de quienes lo cruzaron
antes de mí,
pasos resonando en los muros
que miran al cielo
sin pedir respuestas.

Cada gota de lluvia
es una palabra que nunca se dice,
cae lenta,
como si Harlem respirara entre las pausas,
entre la prisa de las avenidas
y el silencio escondido en los callejones.

Las fachadas, cansadas y altivas,
son páginas escritas
en tinta que el tiempo borra,
historias que el viento dispersa
y la lluvia intenta ahogar.
Pero las palabras siguen ahí,
grabadas en los ladrillos,
en las rejas torcidas,
en las sombras que se alargan
bajo luces moribundas.

El paraguas no me protege,
solo me acompaña,
como un pacto de silencio
con la ciudad que respira a mi lado.
En cada esquina, un saxofón dormido,
una melodía herida que aún vibra en el aire,
como un murmullo olvidado en el viento.

Camino por Harlem,
la lluvia se mezcla con mi pensamiento,
se disuelve en el pulso de la calle,
mientras mi sombra se extiende
en un diálogo sordo con la ciudad.

Harlem respira,
como yo, bajo el paraguas,
esperando, siempre esperando,
que alguien detenga su paso
y escuche sus versos, invisibles,
que caen aún,
gota a gota,
desde el cielo roto.

V

Caminaba sobre el puente de Brooklyn
con mi hija mayor,
las tablas bajo sus pies crujían suavemente,
como si rumorearan historias
de millones de pasos antes que los suyos,
historias que el viento arrastraba
entre los cables tensos que sostenían el cielo.

A su alrededor, la gente hacía lo mismo:
tomaba fotos,
miraba la ciudad que se levantaba como un sueño de acero.
Los rascacielos eran espejos sin reflejo,
columnas de tiempo y sombra
que parecían observar más de lo que ellos observaban.

Las torres del puente se alzaban firmes,
guardianas de un diálogo eterno
entre Manhattan y Brooklyn,
un cruce suspendido entre dos mundos
que parecían tocarse
pero nunca se alcanzaban.

mi hija señalaba el horizonte,
donde el sol comenzaba a rozar los edificios,
como si los últimos rayos de luz
fueran promesas guardadas en las ventanas.
Yo a su lado,
sentía que el puente no era solo un camino,
sino un pensamiento en equilibrio,
tendido entre dos orillas
que no conocían el fin.

Cada paso que daban era una pausa,
un instante detenido
entre la madera y el acero,
mientras el ruido de los autos bajo sus pies
se mezclaba con el murmullo del río.
El puente les hablaba en un idioma
que solo los que se detenían a escuchar podían entender,
un lenguaje de cables y viento,
de tiempo suspendido
en la geometría perfecta de su estructura.

Caminábamos juntos,
y en algún momento,
el puente dejó de ser solo Brooklyn,
se convirtió en palabras que aún no sabían decir,
en preguntas que flotaban
entre las luces que se encendían lentamente
cuando la noche caía,
como una promesa
que el puente siempre guarda
pero nunca se revela del todo.

Tres museos

Mi hija y yo recorremos los museos,
las salas son corredores del tiempo,
pasillos que laten como venas abiertas,
historia, luz y silencio mezclándose
bajo vitrinas, en mármol, en óleo, en hueso.
Ella camina delante de mí,
ligera y precisa,
con la seguridad de quien sabe leer las formas,
arquitecta de sueños futuros,
cazadora de espacios invisibles.
Yo la sigo, torpe aprendiz de su mirada,
intentando ver lo que ella ya entiende.

En el Met toda pesa,
las columnas sostienen siglos de sombra,
el mármol resuena con los ecos
de un mundo que ya no nos pertenece.
"Todo aquí tiene un propósito", me dice,
"cada arco, cada estatua busca equilibrio".
Se detiene ante una escultura sin rostro,
sus dedos rozan el aire que la rodea,
como si pudiera tocar el pasado.

"¿Por qué construían templos para dioses que no responden?",
me pregunta con una sonrisa curiosa.
"Les pedían lo mismo que nosotros:
un deseo, una certeza,
una razón para creer que todo tiene sentido".

Yo la escucho, y la historia se vuelve cercana,
como si el mármol respirara a través de los siglos,
como si las ruinas fueran
un boceto de lo que aún está por hacerse.

Ella avanza entre santos dorados,
guerreros congelados en lienzos antiguos,
dragones que se enredan en tapices desgastados.
El museo es un laberinto de promesas rotas,
fragmentos de lo que fue y nunca volverá,
pero mi hija los recorre como planos a medio construir,
con la certeza de quien sabe
que las ciudades se levantan sobre ruinas.

En el MoMA,
todo se deshace en formas sin forma,
colores que estallan como recuerdos olvidados,
líneas torcidas que buscan sentido en el caos.
“El arte moderno no sigue reglas”, me dice,
“es una arquitectura de lo incompleto,
como los sueños, que nunca llegan del todo”.
Frente a las latas repetidas de Warhol,
me explica: “Repetir es no olvidar,
cada vez es la misma,
pero nunca igual”.

Nos detenemos ante el cielo giratorio de Van Gogh.
“Este cuadro no es un lugar,
es un instante”, murmura.
“Así son las ciudades también,
cambian con cada mirada,
aunque parezcan las mismas”.
Yo la escucho y pienso en todos los momentos
que ella ya entiende mejor que yo,
en la forma en que transforma lo que ve
en planos invisibles que solo ella conoce.

Seguimos entre las figuras de Picasso,
rostros que se quiebran y vuelven a armarse,
formas que se doblan sobre sí mismas.
"¿Sabes?", me dice con una sonrisa,
"la arquitectura también es así,
un intento de capturar lo inasible,
de sostener lo que siempre está a punto de caer".
Yo la miro, y en su risa descubro
una sabiduría que no necesita explicación.

Llegamos al Museo de Historia Natural,
donde el tiempo se convierte en polvo y hueso.
La mandíbula de un tiranosaurio nos recibe,
dientes largos como siglos,
un rastro de lo que fue y aún persiste.
"Los edificios también son fósiles", me dice,
"las ciudades crecen sobre los restos
de lo que alguna vez existió".
Le hablo de la ballena azul suspendida sobre nosotros,
del peso inmenso que flota en el aire.
Ella sonríe: "Como los sueños, papá,
pesan, pero flotan".

Nos detenemos ante un meteorito,
un pedazo de universo que cayó a la tierra.
"Las estrellas que vemos ya murieron",
me dice, "pero su luz aún nos alcanza.
Así es el diseño, así es la memoria:
lo que desaparece sigue presente,
nos guía, aunque no lo sepamos".

Ella camina a mi lado,
pero es ella quien conduce,
es ella quien abre puertas invisibles.

Yo la sigo, fascinado por su forma de entender el mundo,
por su capacidad de construir futuro
con los pedazos del pasado.

Los museos se mezclan en un solo espacio,
las salas se vuelven laberintos de tiempo,
y en cada paso pasado, presente y futuro
se abrazan como amantes en la penumbra.
Ella avanza con la certeza de quien sabe
que cada ruina es un cimiento,
que cada pregunta es un puente hacia mañana.

Salimos del último museo y la ciudad nos envuelve,
luces parpadean como estrellas a punto de apagarse.
Ella toma mi mano,
con los ojos llenos de formas que aún no existen,
y yo sé que este día también es una obra de arte:
un boceto que quedará en su memoria,
una constelación de momentos que no se desvanecen.

Caminamos juntos por la avenida,
ella me habla de edificios por venir,
de espacios que aún no han sido dibujados,
y en su voz escucho el murmullo de un futuro que desconozco.
El pasado es historia,
el presente es un plano inacabado,
y el futuro,
el futuro es una pregunta
que ella ya sabe cómo responderá.

Torres Gemelas

Un largo suspiro, un resplandor quebrado,
heridas abiertas en mitad del cielo,
dos torres de acero que caen como sueños,
llamas alzadas como manos perdidas,
dos relámpagos cruzados en pleno vuelo,
dos cuerpos sin red, suspendidos en el viento,
espejos rotos en medio de la nada.

Eso fuimos:
dos reflejos enfrentados
que se miraban desde la altura,
torres gemelas tocando el horizonte,
cimientos de humo, promesas de vidrio,
estructuras que creyeron ser eternas
y se desplomaron bajo su propio peso.

No hubo adiós, solo impacto,
un crujido en el aire,
una grieta en la historia que nunca cierra,
escombros cayendo como cuerpos sin nombre,
como sueños que no tocaron suelo.

Fuimos esa altura ciega,
esas voces en la cornisa del vacío,
una carrera hacia la cima
que no sabía detenerse.
El amor era vértigo:
volar sin alas, subir sin fin,
hasta que el fuego llegó como palabra última
y todo ardió en un solo grito,
una sola caída.

Después, solo ruinas.
Nada quedó donde estuvimos,
solo polvo flotando en la memoria,
un terreno baldío que respira ausencia.
Lo que una vez fue altura
hoy es sombra en el viento,
un hueco en el corazón de la ciudad,
un eco que insiste en no irse.

Mi generación lleva ese hueco en la piel,
como una cicatriz que no se borra,
como un silencio adherido a cada rincón.
Cada rascacielos refleja lo que falta,
cada calle es una herida abierta.
El aire aún guarda la sombra de esas torres,
una marca que solo ven los que no olvidan.

Intentamos reconstruir,
pero lo perdido no vuelve igual.
No hay monumentos para lo que cayó,
solo un vacío que late bajo los pies,
una grieta invisible en la memoria del mundo.

El amor era un atentado,
un vuelo sin regreso,
y nosotros, dos torres gemelas,
unidas por la certeza de la caída.
Nos lanzamos al vacío sabiendo que no habría red,
sabiendo que el impacto era inevitable.
Hoy, ni estatuas ni placas de bronce:
solo polvo que flota,
solo ruinas dispersas,
solo un terreno que nunca deja de hablar.

Cada año vuelve la brisa del otoño,
trayendo el polvo de lo que fuimos.
Cada aniversario es una grieta más honda,
una nube suspendida en el aire del recuerdo,
un intento de atrapar lo inasible.
Pero lo caído no se levanta igual,
las torres no vuelven,
y el vacío no se llena.

A veces pienso que seguimos cayendo,
como si el suelo nunca hubiera llegado.
Seguimos allí,
desplomándonos en la memoria,
como vigas torcidas que se niegan a ceder,
como cuerpos que flotan sin tocar el suelo.

El vacío es más que ausencia,
es la prueba de que alguna vez estuvimos,
una sombra viva en el corazón de la ciudad,
un eco que persiste, aunque todo avance.

Nos buscamos en cada esquina,
en cada sombra, en cada silencio,
en cada edificio que refleja lo que ya no está.
El espacio vacío es un espejo:
lo que fue aún respira allí,
en ese hueco que nunca termina.

Las torres cayeron, pero no se fueron.
Flotan en el aire,
suspendidas en el polvo del tiempo,
como un suspiro que no termina de exhalarse,
como una herida que no sabe cerrarse.

Dos torres gemelas,
dos ausencias que no dejan de caer,
una sombra viva en la piel de la ciudad.
Siempre habrá un terreno baldío,
una nube de polvo suspendida,
una memoria que se niega a soltarnos.

Porque lo que se derrumba no desaparece,
lo que amamos no muere del todo.
Sigue ahí, entre las ruinas invisibles,
en el viento que arrastra el polvo,
en el hueco donde habitaron las torres,
en la sombra que nunca deja de caer.

Hielo sobre Rockefeller Center

Patino sobre espejos, el viento murmura,
la ciudad respira su voz de neblura.
Mis pies dibujan un círculo abierto,
un latido que zapatea en el filo del tiempo.

Rockefeller vigila con torres sin alma,
su luz enredada desborda la calma.
El hielo es un lienzo que olvida y perdona,
una piel que susurra: no hay gloria, hay zona.

Cada giro un presente que muere al trazarlo,
cada caída un eco que vuelve al hallarlo.
La pista es un lago de sueños callados,
la vida un instante que nunca ha pasado.

El viento acaricia mis pies temblorosos,
la escarcha devora mis pasos borrosos.
Patinar es volar sin altura ni cielo,
caer es el precio que impone este vuelo.

El hielo responde con grietas de sombra,
en su levedad cada error se asombra.
"El mío lo siento", susurro al pasar,
y el viento lo guarda, lo deja escapar.

Las luces se cruzan en líneas errantes,
cometas de vidrio, reflejos flotantes.
El tiempo se curva y el suelo me llama,
tropiezo, me alzo: la pista no trama.

Patino y descubro mi propio compás,
el ritmo se esconde en el paso fugaz.
Caer es un verbo que nombra lo incierto,
levantarme es una rumba que aprende en el viento.

Rockefeller despierta, su torre suspira,
el cielo es un pozo de luz que delira.
Mis giros se pierden, la noche me alcanza,
soy solo un reflejo que en el hielo.

"El mío lo siento", lo digo, lo pienso,
y el hielo responde en su eco disperso.
Siento mi cuerpo, su peso al rodar,
mi vuelo, mi vértigo, mi forma de estar.

El viento persiste, me empuja, me nombra,
mi paso se funde en la nieve que asombra.
Patino en un círculo que nunca se cierra,
soy ola en el hielo, soy bruma en la tierra.

No hay fin, solo giros que nunca terminan,
la vida es un eco de huellas que inclinan.
Cada caída, un pacto, un rumor,
cada paso, una herida que inventa el amor.

Patino en el hielo de un tiempo olvidado,
un sueño de escarcha que nunca ha pasado.
El equilibrio es viento, la vida es caer,
y al levantarme vuelvo a nacer.

"El mío lo siento", murmuro al andar,
y en ese murmullo me logro encontrar.
En cada tropiezo se afirma el presente,
y el hielo sostiene lo que el viento siente.

Frente al poema de Saadi en la ONU

Entro al edificio como quien pisa un sueño,
un laberinto de banderas al viento,
cada color es un eco lejano,
cada símbolo, un fragmento disperso
de un mundo que no sabe encontrarse entero.

Mis pasos resuenan en mármoles fríos,
como voces que buscan armonía en la discordia,
y allí, en el centro de este templo moderno,
encuentro el tapiz que guarda el secreto:
"Bani Adam", los hijos de Adán,
un verso tejido en oro, un llamado antiguo.

"Todos somos miembros de un mismo cuerpo,
y si uno sufre, ninguno puede descansar."
Las palabras de Saadi flotan en el aire
como un juramento que atraviesa los siglos,
hablando del dolor que no entiende de mapas,
del amor que no reconoce fronteras.

Pienso en los exiliados de esta gran ciudad,
en los rostros que caminan sin ser vistos,
en las lenguas mezcladas que buscan abrigo
en cada esquina del asfalto ardiente.
Pienso en las manos vacías de los migrantes,
que llevan el peso de dos mundos a cuestas,
y en las guerras lejanas que, aunque distantes,
dejan su eco en cada rincón de esta tierra.

Aquí, entre discursos y tratados firmados,
el poema es un faro en la noche del tiempo,
un recordatorio de lo que hemos olvidado:
que la humanidad es un tejido común,
y que cada hilo roto nos hace más frágiles.

Los líderes pasan, los discursos se apagan,
pero este verso persiste, inmortal en su verdad.
Saadi nos habla de heridas compartidas,
de un cuerpo doliente que pide cuidado,
de un amor que abraza sin preguntar nombres
ni mirar los límites impuestos en los mapas.

La tarde se apaga sobre Nueva York,
y en cada sombra que cruza las avenidas
reconozco las palabras del poeta persa,
como una advertencia que no podemos ignorar.
"Nadie es humano si no siente el dolor ajeno."
El tapiz murmura su mensaje eterno,
una canción hilada en la trama del destino,
pidiendo que la indiferencia no sea nuestro fin.

Y mientras abandono este templo de banderas,
llevo conmigo un verso grabado en la piel,
una promesa de ser más que espectador,
de entender que en cada lágrima ajena
hay una parte de mí que también llora.

El mundo sigue girando allá afuera,
pero ahora sé que no estamos solos,
que somos uno, todos hijos de Adán,
y que solo juntos, unidos en empatía,
podremos hallar la paz en la oscuridad.

Cada paso que doy por las calles de Manhattan
es un eco de ese mensaje profundo.
Llevo en el alma la urgencia del tapiz,
una súplica que no necesita traducción:
la humanidad no termina en la frontera del yo,
es un río que fluye a través de todos,
una melodía que espera ser escuchada,
un poema infinito escrito con vida y amor.

West Side Story

Entre avenidas llenas de ruido y esperanza,
donde las sombras caminan con pasos apurados,
dos almas se encuentran, ajenas al destino,
como estrellas perdidas en un cielo de neón.
Él es un joven marcado por el odio,
ella, una flor que florece en un barrio dividido.
Sus miradas cruzan fronteras invisibles,
y en ese instante, el amor irrumpe como un relámpago,
cortando el aire tenso de la noche.

Nueva York es un escenario sin final,
donde los sueños bailan al ritmo del caos,
y las historias se escriben con pasos y silencios.
Tony y María son parte de este poema eterno,
dos corazones que buscan entre escombros
un lugar donde la paz tenga sentido.

Las pandillas dibujan límites en el asfalto,
Sharks y Jets, espejos enfrentados
en una ciudad que nunca se detiene.
Pero el amor no entiende de banderas ni colores,
y entre las notas de un mambo y el eco de un disparo,
Tony y María se encuentran,
como un verso escondido en medio del ruido.

El West Side es un laberinto de pieles y acentos,
una batalla cotidiana entre lo que fue y lo que puede ser.
Los balcones de hierro son balcones de Verona,
y los parques vacíos se llenan de susurros,
donde el amor florece, aunque el viento lo arranque.

Bailan en la cuerda floja del tiempo,
un vals entre la vida y la muerte,
sabiendo que cada segundo es un milagro.
Las luces de Manhattan no distinguen el final,
y mientras el jazz flota en las esquinas,
la tragedia se acerca, imparable y silenciosa.

Tony cae, como caen los héroes de antaño,
dejando en el aire la promesa de un mundo mejor.
María queda sola, pero no vencida,
sosteniendo entre sus manos el sueño roto
de un amor que quiso ser más fuerte que el odio.

Nueva York sigue su curso, indiferente,
pero entre sus calles perdura el eco de esta historia,
un recordatorio de que el amor,
aunque breve, brilla como un relámpago
en medio de la noche más oscura.

Así es la ciudad: un poema en movimiento,
un amor que desafía al tiempo y al espacio,
bailando siempre al borde de la tragedia,
esperando el momento en que las fronteras
se disuelvan como notas perdidas en el viento.

Duque Errante

Camino por Central Park,
donde los árboles cuentan historias olvidadas.
Aquí, en medio de Nueva York,
puedo imaginar al Duque de Windsor,
Edward, que dejó su corona atrás
por el amor imposible de Wallis Simpson.
Sus pasos perdidos resuenan aún
entre los senderos de esta ciudad eterna,
como un eco que viaja a través del tiempo.

Nueva York fue para él una promesa de libertad,
un pasodoble de modernidad y escape.
Aquí encontró lo que Londres le negó:
la posibilidad de ser él mismo,
lejos del peso del trono y la tradición.
Cada avenida de esta urbe fue para él
un verso de jazz, una nota de vida
que jamás hubiera escuchado entre los muros del palacio.

En el lago quieto del parque,
puedo ver su reflejo distorsionado,
mezclado con las luces de la ciudad.
Como los cisnes que flotan entre las sombras,
Edward navegó su exilio
con elegancia rota,
sabiendo que en cada ola de su vida
dejaba una parte de sí mismo atrás.

Los bancos vacíos del parque son testigos
de amores perdidos y elecciones imposibles,
como la suya: una abdicación por amor,
un sacrificio sin regreso.
El viento acaricia las hojas caídas,
y cada paso que doy entre los senderos
me recuerda que todos somos exiliados,
buscando en las esquinas del mundo
el hogar que nunca tuvimos.

En esta ciudad, él no encontró corona,
pero sí el alivio del anonimato.
Y así lo imagino:
caminar con Wallis, de la mano,
invisibles entre los miles de rostros,
como si la historia pudiera olvidarse
en las calles iluminadas de Nueva York.

Central Park guarda el silencio de aquellos
que se atrevieron a perder para ganar,
y mientras el sol cae tras los rascacielos,
siento que su historia aún late aquí,
un poema sin final,
escrito en cada hoja que el viento arrastra.

Como él, yo también camino,
buscando en esta ciudad infinita
el verso que me pertenece,
la libertad que Edward soñó
en cada esquina de su exilio.

Los enredos de Harry

(Dedicado Woody Allen)

Harry teje su vida con hilos dispersos,
cada encuentro se convierte en historia,
cada persona es robada por su pluma,
como si escribir fuera un acto de despojo,
una forma de vivir entre verdades ajenas.

El papel se convierte en espejo roto,
donde la realidad se desdobla en ficción.
Harry toma del mundo lo que necesita,
crea personajes que llevan rostros prestados,
y los suelta al viento sin aviso ni regreso.

Pero cada palabra tiene un costo oculto:
los que un día amaron su cercanía
huyen al verse inmortalizados en tinta,
como sombras que no soportan la luz
que su propia verdad refleja.

Harry sigue adelante, entre risas truncas,
convirtiendo pérdidas en versos nuevos,
porque la creación es también un exilio,
un laberinto donde el arte respira
a costa de lo que deja atrás.

Su vida es una comedia sin final claro,
un guion improvisado entre lo vivido y lo inventado,
donde la risa es un eco que confunde,
y el amor, un juego en el que se pierde más de lo que gana.

En cada palabra escrita, Harry encuentra libertad,
aunque sepa que cada libertad lo aleja un poco más.

En su mundo, la ficción es refugio y castigo,
un espejo donde la vida se reinventa,
pero nunca se completa.

Largometraje

Nueva York es un largometraje de Woody Allen,
una historia rodada entre el caos y la bruma,
donde cada escena se dibuja sin guion fijo
y el azar dicta el rumbo en las calles cansadas,
como si el tiempo mismo fuera un improvisado.

Un taxi avanza llevando al director y su hijo,
camino hacia un premio que espera al final del día.
Discuten en cada semáforo sin conclusiones,
conversaciones que se enredan como el tráfico,
mientras Manhattan brilla y se pierde en su neón.

Visitan una hermana atrapada en el olvido,
los recuerdos flotan entre copas medio llenas,
revelando las fracturas invisibles del tiempo.
La ciudad observa desde sus torres de acero,
como un espectador indiferente al drama.

Nueva York es una película sin cierre,
una trama infinita que empieza en cada esquina,
donde cada historia parece un eco sin dueño,
y los personajes vagan buscando sentido
en una partitura escrita con pasos dispersos.

El taxi continúa su camino incierto,
entre espejos de ventanas y anuncios gastados.
Cada avenida ofrece un giro inesperado,
como si el largometraje nunca fuera a terminar,
una improvisación eterna de sueños rotos.

En esta ciudad sin final ni prólogo claro,
todos somos actores en un ensayo perpetuo,
una obra inacabada que escribe el viento
en los pliegues del concreto y el hierro,
con la promesa de un cierre que nunca llegará.

Otro poeta

País de gente que vive y camina ausente,
con pasos que no dejan rastro,
como si el viento se llevara sus nombres.
Yo tampoco soy de aquí ni de allá,
camino entre huellas invisibles,
pies divididos entre dos fronteras,
entre dos lenguas que no se tocan.

Cada calle es un cruce de sueños rotos,
donde el dólar brilla, pero pesa,
y el peso es una memoria lejana
que arrastra vidas por el alcantarillado.
Apellidos adoptados como armaduras,
nombres falsos en pasaportes
que abren puertas, pero cierran el alma.

Y yo, poeta perdido en esta urbe,
sigo los pasos de otros poetas.
Me pierdo entre el ruido disperso,
la ciudad me envuelve y me deja sin eco,
como si mis palabras fueran un murmullo
que se apaga entre luces y sombras.

Camino por las frías avenidas,
pensando en Whitman y sus versos,
embelesado, buscando en el asfalto
un rastro, una señal, un poema olvidado.
Pero las calles están desiertas de palabras,
y yo soy solo otro poeta más,
un eco más que se pierde
en la interminable sinfonía de Nueva York.

Taxi hacia Lower Manhattan

Voy en un taxi amarillo por la Séptima Avenida,
la ciudad es un río de luces que nunca cesa.
El motor vibra al ritmo del tráfico,
mientras el taxista, en silencio,
esculpe su propio poema entre semáforos.

Los edificios se alzan como olas inmóviles,
rascando el cielo sin alcanzar nada,
y las calles cruzan sus líneas invisibles,
como versos truncos en un cuaderno olvidado.
Cada esquina es una historia que nace y muere,
cada paso un eco que la noche consume.

Voy camino a Lower Manhattan,
y en cada semáforo veo rostros
que se desvanecen en la prisa del día.
La ciudad no espera, no se detiene,
y yo avanzo con ella, parte del flujo,
parte de este jazz urbano sin compás.

Las luces del puente se dibujan a lo lejos,
como un faro que promete llegada.
Y mientras el taxi serpentea su camino,
siento que esta ciudad es un poema abierto,
una historia sin final, escrita en el viento.

Lower Manhattan se acerca,
y yo llevo conmigo no solo mi destino,
sino cada segundo atrapado en este trayecto,
como un verso más en el corazón de Nueva York.

Kimberly Hotel con Lorca en Manhattan

Abro el libro como se abre una herida,
Lorca respira entre las páginas frías,
sus versos son voces andaluzas
que se mezcla con el ruido de la ciudad,
como si la poesía buscara refugio en este invierno.

Desde la ventana, Manhattan es un mapa de luces,
un enjambre de calles heladas
donde el viento recorre esquinas vacías
y la gente camina como sombras apuradas,
sin mirar atrás, sin detenerse.

El cristal empañado dibuja fronteras difusas,
y más allá, los rascacielos emergen
como árboles de acero, desnudos y frágiles.
El Hudson corre lento, gris y silencioso,
como si arrastrara la tristeza de otro tiempo.

Los versos de Lorca flotan en el aire,
mezclándose con el ritmo de taxis perdidos,
y siento que la ciudad canta su propio lamento,
un blues que no acaba, un jazz sin compás,
donde cada nota es un paso que no regresa.

Aquí, en esta habitación solitaria,
la poesía me abraza como una manta fina,
y entiendo que en cada palabra escrita
hay un intento de domar el frío,
de encontrar calor en medio del invierno urbano.

Bajo la mirada al libro abierto,
y pienso que Lorca también habría amado esta ciudad,
encontrando en su caos y su tristeza
un lugar secreto, un duende escondido
bajo las luces que nunca se apagan.

Y mientras la noche avanza,
miro una vez más a Manhattan,
sabiendo que cada verso leído
es una forma de resistir al frío,
de crear, entre la niebla, un mundo propio.

Embajador en las Naciones Unidas

Entro al edificio como quien cruza un espejo,
aquí el mundo respira en idiomas cruzados,
las banderas son ríos de viento,
países que flotan en telas coloridas
como sueños que buscan un puerto común.

Mis pasos resuenan entre mármoles fríos,
el eco es el murmullo de naciones distantes.
Aquí, cada palabra pesa como piedra,
cada discurso es un puente o un muro,
una semilla de paz o una grieta en la tierra.

Los ojos del mundo se encuentran en este umbral,
esperando el milagro de la diplomacia,
el roce sutil entre manos diferentes
que sostienen promesas,
frágiles como hojas de otoño.

Llevo en mi corazón la voz de mi tierra,
y cada gesto es un pacto silencioso,
un intento de unir lo que el mar y el tiempo separaron.
En esta sala sin fronteras visibles,
la esperanza se enciende palabra por palabra.

Al salir, el viento me habla de futuro,
de un horizonte aún sin nombre.
Camino sabiendo que aquí,
en el corazón del mundo,
cada voz, cada paso,
es un poema en construcción.

Estación de City Hall con Whitman

Entro al andén como quien entra al tiempo,
un libro de Whitman tiembla en mis manos,
las palabras se arremolinan con el viento
y los versos flotan como el polvo antiguo
entre las luces apagadas de la bóveda.

El techo abovedado es un suspiro en piedra,
Guastavino dejó su eco aquí, inmortal,
donde cada curva habla en silencio,
como si el pasado aún recorriera
estas vías dormidas, cubiertas de sombra.

Me siento en un banco invisible,
mientras la ciudad allá arriba corre y late.
Aquí, en la quietud de lo olvidado,
leo a Whitman y siento su aliento,
como si cada página susurrara "yo también soy Nueva York".

Los candelabros apagados aún brillan en mi mente,
y pienso que la poesía nunca muere,
sino que espera, paciente, en los rincones del mundo,
como esta estación, que, aunque callada,
sigue viva en el latido de cada tren que pasa.

Al salir, el libro pesa menos en mis manos,
como si los versos hubieran encontrado su hogar.
Camino hacia la luz, sabiendo que, en cada esquina,
en cada paso y cada sombra,
late un poema esperando ser descubierto.

New York Society Library

Entro al umbral como quien pisa un sueño,
aquí el tiempo es un paso detenido,
las palabras flotan en la penumbra,
como hojas sueltas de un otoño eterno,
reposando entre anaqueles invisibles.

Cada libro es un latido olvidado,
la voz de otros siglos respirando despacio,
entre mármoles fríos y maderas añejas.
Las historias duermen, esperando lectores
como faros que aguardan la noche más densa.

Las páginas crujen como ecos antiguos,
en esta biblioteca, la memoria es un río
que fluye lento bajo cielos de silencio,
y al tocar un libro, tocas el pasado,
revives el alma que el papel encierra.

Los pasos resuenan leves, contenidos,
como si la propia sombra pidiera permiso.
Aquí, las horas no se miden en relojes,
sino en poemas, en sueños y en búsquedas,
escritos en tinta que nunca se desvanece.

Al salir, la ciudad sigue corriendo afuera,
pero yo llevo conmigo un verso escondido,
una línea de otros mundos lejanos,
una semilla que brotará en el caos urbano,
transformando el ruido en silencio vivo.

Recorrido por los bares antiguos de Nueva York

WHITMAN

Fraunces Tavern nos abre sus puertas,
el pasado aún late entre estas paredes,
George Washington bebió aquí con esperanza,
y hoy nosotros brindamos por la vida,
que fluye como la cerveza en jarras antiguas.
Es un templo donde la historia respira,
y en cada rincón, el eco de revoluciones
nos invita a seguir caminando hacia el futuro.

Martí

McSorley's, hogar de obreros y poetas,
donde el aire sabe a madera y cerveza.
Aquí la lucha nunca se apaga,
la gente resiste con cada trago oscuro,
con cada palabra dicha al calor del momento.
Este lugar es más que un bar,
es un refugio para los que sueñan,
para los que aún creen en la libertad
que nace en los actos cotidianos.

Lorca

Estos bares son duendes escondidos,
tiempo suspendido en copas gastadas.
Fraunces es un canto a lo eterno,
y en McSorley's, el silencio es verso antiguo,
un poema tallado en madera y cristal.
Cada bebida aquí sabe a historia,
a revoluciones olvidadas,
a pasos que cruzaron el umbral de la noche
y dejaron sus huellas en el aserrín.

Whitman, Martí y Lorca

Caminamos entre el humo y la memoria,
recorriendo estos santuarios de palabras.
En cada esquina, una historia espera,
en cada vaso, un poema por descubrir.
Nueva York es un laberinto de voces,
y en estos bares, el alma encuentra refugio.
Aquí la vida no se detiene,
es un brindis constante por lo posible,
un verso eterno que nunca termina.

Fantasma en Soho

Un fantasma recorre esta ciudad sin sombra,
vagabundo entre luces que nunca se apagan.
En Soho, todo es arte, todo es máscara,
bohemios que corren como versos sueltos,
dibujando su vida en las paredes del tiempo.

Entre lienzos colgados en ventanas ajenas,
los fantasmas caminan,
con los ojos vacíos como espejos rotos.
Un olor a marihuana sube en la esquina,
como humo que intenta ser palabra.

Un rostro sin vida cruza mi paso,
mirada perdida, alma hecha de grietas,
y por un instante, soy yo quien desaparece,
arrastrado por la noche líquida
que envuelve la ciudad como una canción olvidada.

En estas calles donde todo parece flotar,
cada sombra es un trazo,
cada rincón una espera sin nombre,
y los fantasmas, los verdaderos,
no necesitan cadenas, solo silencio.

Ciudad de cosas

Ciudad de cosas,
cosas que flotan como gatos invisibles
bajo los autos, observando el ruido
como si fuera un lenguaje secreto,
un murmullo que solo ellos entienden.

La catedral de San Patricio
es un hueso de aire suspendido
entre los dientes afilados de los rascacielos.
Su sombra es un aliento breve
en la carrera infinita de la Sexta Avenida,
donde la gente se desplaza sin saber
si camina o es arrastrada
por algo más vasto,
algo que nunca alcanza ni comprende.

Excéntricos emergen de taxis amarillos
como fantasmas sin historia,
dejando huellas ligeras en el asfalto,
huellas que el pavimento olvida al instante.
El estadio de los Yankees es un eco,
un coloso de murmullos y jadeos,
que sería nube sin peso
si no lo sostuvieran las voces
gritando adentro,
como si intentaran agarrar el cielo
y anclarlo con sus gritos.

Macy's es un templo sin dios,
un santuario donde la fe
se paga en efectivo o tarjeta.
Las miradas se pierden en vitrinas,
espejos de mundos paralelos,
ciudades posibles
que solo existen en los rincones
que nadie se atreve a mirar,
en el reflejo de un cristal olvidado,
donde la realidad se difumina
como humo en la brisa.

Nueva York es una bailarina de cosas,
objetos y sombras que giran sin fin,
una melodía sin centro,
un poema que sucede en los márgenes,
escrito con pasos que nadie recuerda,
con una voz de varios idiomas que se pierden
entre la multitud que nunca se detiene.

Diálogo de tres poetas en New York

(En un bar de Nueva York
tres poetas se encuentran)

WHITMAN EN NUEVA YORK

Entro en este bar como en una catedral,
las torres son rascacielos que tocan el cielo,
los transeúntes, feligreses sin nombre,
rezan con pasos, con prisas, con sueños,
y el jazz murmura, suave y eterno.

Nueva York es un cuerpo sin reposo,
una bestia de acero que respira vapor,
el rugido del metro es su aliento caliente,
y los taxis navegan en ríos de fuego,
desatando relámpagos por las avenidas.

He amado esta ciudad sin descanso,
la canté en mis versos como un amante,
y aún la siento, en la brisa marina,
en las manos que se alzan buscando la altura,
como árboles que sueñan ser cielo.

Aquí está la América que imaginé,
tejida con mil voces, con pieles de mil colores,
en su caos, en su ruido infinito,
descubro el pulso que abraza al mundo entero,
y su ritmo es mi verso, libre y vivo.

Martí en Nueva York

Hermano Whitman, la ciudad que ves
es inmensa, sí, pero también hiere.
Hiere en los ojos sin luz de mañana,
en cuerpos exhaustos que arrastran su sombra,
persiguiendo sueños que siempre se escapan.

Nueva York es una flor de acero,
frágil y cruel, bella y mortal,
y en su cemento, la vida resiste,
se abre como hierba entre grietas oscuras.
El asfalto humea, mezcla de sudor
y esperanza, de quienes buscan ser libres,
esa libertad que soñamos despiertos,
que he escrito en la piel profunda de América.

El tren bajo tierra grita su canción,
eco de barrios donde el hambre se esconde,
donde la pobreza se vuelve silencio
y los niños juegan entre inviernos fríos,
sin estrellas que guíen sus noches largas.

Aquí, entre muros que tocan el cielo,
el hombre lucha, persiste, no cae.
Esta ciudad, Whitman, no es solo canto,
es también herida, un latido roto,
donde la esperanza vive, pero duele.

Diálogo en Nueva York

LORCA

Yo, que traigo el sol de Andalucía
prendido en el pecho como un viejo canto,
encuentro aquí un duende distinto,
un ritmo extraño que baila en la sombra,
como jazz que sube desde lo hondo.

Nueva York es un monstruo hermoso,
un gigante de acero que me engulle y me sueña,
sus calles son acordes rotos en la bruma,
lamentos de saxofón que resuenan
como una guitarra perdida en la madrugada.

El olor del metro, del humo, del hierro,
me lleva a mercados que ya no existen,
a plazas lentas donde la vida flotaba
como olas de tiempo en tardes eternas.
Aquí todo corre, todo arde,
una tormenta de pasos y voces
que se enredan en el aire del metro,
ese tren que canta con ecos metálicos,
bajando al inframundo,
recordando que la vida verdadera
late en lo oscuro, donde el hombre,
frente a su sombra, encuentra su ser.

WHITMAN

Nueva York es todo, y en ella cabe todo:
el suspiro de una madre, el grito del obrero,
la risa de los niños que cruzan los parques,
y el murmullo de ancianos en las bancas de Central Park.

Es un cuerpo vivo que late sin pausa,
una red infinita de historias cruzadas,
cada historia un poema sin fin,
escrito con sudor, con esperanza,
por cada paso que busca su horizonte.

Aquí, en este torbellino de mundos,
la ciudad es canto, lamento, y respiro.
Es una mano tendida hacia el cielo,
un verso en marcha que nunca termina.
Y en su caos en su eterno ruido,
nos descubrimos vivos, aún caminando.

Martí

Pero también es cárcel de acero,
trampa sutil para el que sueña alto.
¡Cuántos llegaron buscando la luz,
y se ahogaron en la sombra fría!
Las fábricas, los edificios,
los rascacielos que arañan el cielo
son gigantes mudos que vigilan,
sin saber si somos dioses o hormigas.

Lorca

Y siempre, siempre el jazz,
una tormenta que llueve despacio
en las entrañas húmedas de los bares.
Hombres beben para olvidar su historia,
mujeres bailan para no olvidarse.
Nueva York es un nido de duendes,
sombras errantes entre luces breves,
y en cada esquina, en cada rincón,
una historia espera ser contada,
una canción duerme sin ser cantada.

Whitman

Yo celebro la ciudad y su gente,
los que levantan el día a pulso,
los que construyen sueños con sus manos,
forjando futuros aún invisibles.
Porque Nueva York no es solo vidrio,
ni acero, ni ruido, ni trenes veloces.
Es carne y es sangre,
aliento en millones de pechos
que sueñan con algo más grande,
algo más justo.

Martí

Y en esa lucha, hermano Whitman,
en ese esfuerzo inagotable,
veo la revolución verdadera:
no escrita en libros ni en discursos,
sino tatuada en la piel del pueblo,
en aquellos que, día tras día,
se alzan con esperanza en los ojos,
soñando un mañana más libre,
un mañana más humano y digno.

Lorca

Sí, en la sombra de esta ciudad,
en el rugido profundo del metro,
en el vértigo de los rascacielos,
aún vive la poesía,
un duende que camina entre penumbras.

La belleza no siempre es la luz,
a veces habita en lo invisible,
en los rincones donde el silencio
sabe más que las palabras.
Está en las notas errantes del saxofón,
que, como un lamento,
sube y se pierde en la madrugada.

Es en la grieta donde el alma respira,
en el eco de pasos que cruzan la noche,
donde las sombras se vuelven canción
y lo oscuro se transforma en latido.

WHITMAN

Así es, hermanos,
Nueva York nos pertenece.
Con la palabra la tomamos,
con el verso la hacemos nuestra.
Entre su caos y su prisa
se despliega la vida,
un río que nunca deja de latir.

La ciudad es un poema abierto,
cada calle una línea inacabada,
cada rostro, una historia sin nombre
que el viento arrastra y el tiempo graba.
Aquí, en el bullicio y en la espera,
descubrimos el pulso que nos une,
el ritmo que vibra en millones de pechos.

Nueva York es un cuerpo inmenso,
hecho de palabras y pasos,
un verso sin fin que nos contiene,
y en su prisa, en su locura,
somos parte del latido eterno
que nunca se detiene.

Martí

La vida que se alza entre acero y humo,
la que resiste en silencio,
la que sueña despierta,
la que arde en cada mirada,
la que nunca muere,
aunque la aplasten las sombras.

Es la chispa en las manos del obrero,
la esperanza en el canto del migrante,
la raíz que rompe el pavimento,
el pulso que late en la ciudad insomne,
la flor que crece en medio del concreto.

Es la vida que no se rinde,
que atraviesa la noche más fría,
la llama que, aunque tiemble,
sigue encendida,
y en cada sueño,
encuentra un nuevo amanecer.

Lorca

Y mientras el jazz siga sonando,
y el tren serpentee bajo la tierra,
sabremos que, entre el caos del mundo,
late un poema oculto,
esperando ser encontrado.

Es un verso que habita en la sombra,
en el eco de pasos perdidos,
en el humo que sube de las calles,
y en la nota rota del saxofón
que llora en la madrugada.

El poema vive en cada esquina,
entre voces que nunca callan,
esperando ser descubierto
como la flor que brota en invierno,
silenciosa, invencible, eterna.

Encuentro en Nueva York

WHITMAN

Hermanos, levanto mi copa por esta ciudad
que es todos nosotros y mucho más,
un cuerpo inmenso que respira con cada paso,
un canto abierto, sin orillas,
tejido con voces múltiples, inagotables,
como las olas del Atlántico que nunca cesan,
que rompen y regresan, siempre nuevas.
Nueva York es vida que arde en mil direcciones,
es el sueño tallado en hierro y vidrio,
la esperanza encendida en los ojos del caminante.
Aquí celebramos cada instante,
porque cada mirada es una historia,
y en cada mano que construye,
late la promesa de un futuro sin nombre.

Martí

Sí, Whitman, pero también es cárcel de sueños,
una trampa que seduce con promesas de libertad,
y devora al que vuela demasiado alto.
Aquí la lucha nunca cesa,
el sudor se vuelve tinta y la esperanza, revolución.
Entre el acero frío y el humo que nubla el cielo,
los obreros escriben su historia sin versos,
día tras día, golpe a golpe,
como si el mañana fuera una conquista,
una flor imposible que crece en la grieta del asfalto.
El migrante cruza este laberinto de sombras,
con los pies cansados, pero la frente en alto,
sabiendo que en cada batalla silenciosa
se encuentra la libertad aún por nacer.

Lorca

Y, sin embargo, en esta sombra que nunca duerme,
donde el ruido es un oleaje interminable,
bailan los duendes, ocultos entre las luces,
como notas de jazz que trepan por los muros.
El saxofón suelta un lamento en la madrugada,
una melodía rota que no termina,
como si buscara algo perdido en la niebla.
Cada tren que desciende al inframundo
nos recuerda que bajo la superficie,
más allá del hierro y el cemento,
habitan las historias que nunca se cuentan,
ecos de sueños atrapados,
esperando, pacientemente,
a que alguien los libere con una palabra.

Whitman

Nueva York no es solo su bullicio,
es un verso que respira entre las grietas,
un poema abierto donde todos cabemos.
Es la madre que acuna, el obrero que forja,
el niño que corre y el anciano que sueña.
Es carne, sangre y aliento compartido,
es el suspiro del que pierde y la risa del que encuentra.
En su desconcierto hay un ritmo,
un latido común que nos une sin saberlo,
una promesa que camina entre la multitud,
siempre hacia adelante, siempre hacia más.

Martí

Y en esa marcha, hermanos,
en ese esfuerzo inagotable,
se encuentra la verdadera revolución.
No la que se escribe en libros o discursos,
sino la que se tatúa en la piel del pueblo,
la que se forja en el gesto cotidiano,
cuando cada mañana el cuerpo se levanta
y, a pesar del cansancio, sigue adelante.
Es allí donde nace lo justo, lo humano,
en la esperanza pequeña pero invencible,
en la certeza de que un día más libre
espera tras la noche más larga.

Lorca

Y mientras el jazz siga sonando,
mientras el tren continúe su viaje subterráneo,
sabremos que la vida no se rinde.
En medio del caos, en las grietas del silencio,
un poema duerme, esperando ser encontrado,
una flor invisible brota entre las sombras.
Porque la belleza no siempre es clara,
a veces la hallamos en la oscuridad más profunda,
en un acorde suelto, en una mirada perdida,
en un rincón olvidado donde el tiempo se detiene.

Whitman, Martí y Lorca

Brindemos, entonces, por esta ciudad infinita,
por su ruido y su calma, su luz y su sombra,
por cada paso que se cruza sin detenerse,
por cada historia que nace sin que nadie la sepa.
Aquí, donde los días corren como ríos,
y la noche nunca cierra los ojos,
la poesía es un latido que nunca se apaga.
Seguiremos escribiendo con nuestras vidas,
verso a verso, sueño a sueño,
y mientras la música fluya por las calles,
mientras los trenes sigan su curso bajo tierra,
sabremos que aún queda algo por cantar,
algo por construir,
un mañana por inventar.

Harlem

Harlem, Harlem,
eres tambor sin piel ni golpe,
vibración que se oculta en la sombra,
latido detenido en el borde del tiempo,
eco atrapado, duda que flota
en el silencio de calles sin memoria.

Tu ritmo es más que África,
es un cicatriz que cruza la carne del mundo,
fragmento errante que busca su centro,
escena suspendida bajo un cielo sin rostro,
ni gris, ni Manhattan,
sino latido eterno, sin origen ni fin.

No hay historia ni mapa,
solo ventanas abiertas al viento,
dejando que el jazz trepe sin rumbo,
suba y se quiebre en la misma nota,
deshaciéndose como humo en grietas del aire,
un blues que no canta,
pero llora lo que nunca fue.

El rincón no es oscuro,
es un límite tenue, invisible,
donde lo frágil se estira sin romperse,
una línea entre lo que se entrega
y lo que nunca aprendió a rendirse.

Harlem,
eres tambor que suena hacia adentro,
movimiento que se que se pierden entre la música,
pero nunca la toca.

Vértigo en Manhattan

Camino sin rumbo, me pierdo en las calles,
las luces se clavan, neón sin matices,
todo se mueve, nadie se detiene,
la ciudad respira en ritmos felices,
pero en su centro, la soledad viene.

El puente Brooklyn se alza lejano,
río de cables que surca la noche,
un eco de pasos, un tren que retumba,
la luna se esconde, reina el derroche,
la hora avanza, el sueño sucumba.

En mi rincón de cuarenta y cinco,
paredes estrechas, el mundo se filtra,
ruido metálico trepa en las grietas,
y yo aquí, despierto, el sueño se estruja,
mientras la urbe su mente repite.

Las 2:38, insomnio en los ojos,
la ciudad, sin pausa, sigue girando,
hormigas humanas, ríos cruzados,
y yo, extranjero, solo esperando
que el tiempo se pierda en sus corredores.

No sé dónde estoy, la noche se alarga,
pero algo en el caos parece un refugio:
un pulso, un latido que nunca se apaga,
soy parte del todo y todo es mi impulso,
el insomnio se vuelve hogar en la nada.

Me despierto

Me despierto,
la luz de neón se desliza
como un pensamiento hecho trizas,
atraviesa la ventana
y se estira sobre las sábanas,
como un reflejo que no logra encarnar su forma.

El hotel es un lugar sin rostro,
a unos pasos del puente de Brooklyn,
una línea delgada separando dos vacíos,
dos silencios que se miran sin tocarse.
Desde aquí las luces titilan como voces
sordas al oído, palabras fragmentadas
que rozan la memoria sin quedarse,
como el eco de una despedida olvidada.

Mañana tal vez lo cruce.
Tal vez me siente en la sombra
de sus columnas oxidadas,
como quien se entrega al peso del tiempo
sin esperar nada,
sólo dejarse ir,
como la corriente que fluye sin preguntarse por qué.
Meteré las manos en el río,
dejaré que el agua juegue con mis dedos,
como si allí, en el roce líquido,
pudiera encontrar un rastro
de lo que fui o de lo que me perdí al ser.

El cielo arriba me espera,
azul imposible,
tan cerca que parece tangible
y tan lejano que siempre se escapa.
Un cielo que no termina de decir,
una palabra que no llega a la boca,
una promesa que tiembla en el aire,
a punto de nacer y desaparecer al mismo tiempo.

Caminaré por la orilla.
La ciudad resuena en cada paso,
la tarde se deshace en luces pálidas,
en el zumbido constante de trenes y motores
que nunca se detienen.
Todo se mueve,
y sin embargo, nada parece cambiar.

El puente es un gigante dormido,
sostiene el cielo y la tierra
con la paciencia de quien no espera aplausos,
con la certeza de quien existe
porque no sabe ser otra cosa.
Cada cable es un verso no dicho,
una melodía sin ritmo
que se extiende entre el hierro y el viento.

Bajo sus arcos quiero quedarme,
como una sombra que se posa
sobre otra sombra más antigua.
Dejaré que la luz pase de largo,
que el río me cuente su historia,
aunque nunca entienda sus palabras.
El agua sabrá lo que yo no sé,
llevará en sus corrientes
las preguntas que olvidé formular,
las respuestas que nunca supe recibir.

Me quedaré hasta que la noche llegue,
cuando las luces de la ciudad
se vuelvan estrellas inventadas,
astros de neón parpadeando
como ojos cansados que se niegan a dormir.
Tal vez entonces entienda algo,
o tal vez nada cambie
y sólo quede este instante suspendido,
como un recuerdo que nunca ocurrió.

Mañana cruzaré el puente,
o tal vez no.
Tal vez siga aquí,
a orillas del agua que no cesa,
viendo cómo el río arrastra lo que toca
y lo devuelve hecho espuma.

Y en ese ir y venir sin fin,
en ese flujo sin origen ni destino,
tal vez encuentre la respuesta,
o tal vez entienda
que nunca hubo pregunta.
Porque el río sigue,
y el puente permanece,
y la ciudad respira sin preguntarse por qué.

Y yo, entre el río y el puente,
seré también corriente y hierro,
seré silencio y sombra,
una palabra que flota en el aire,
una mirada perdida en el azul inalcanzable
de un cielo que nunca deja de cambiar.

Debajo del puente de Brooklyn

Debajo del puente de Brooklyn,
los restaurantes son bocas cerradas,
puertas hundidas en el silencio,
y la gente se sienta en la orilla del río
como quien espera el regreso de algo
que nunca supo haber perdido.
El agua pasa, acaricia la piedra,
la envuelve sin promesas,
sin saber si quedarse o irse,
como un suspiro que se diluye en otro cuerpo.

El río no tiene orillas,
pero las abraza.
Cada orilla es un brazo que se hunde en el vacío,
una frontera que finge contener
lo que siempre escapa.
Hay límites que nadie explica,
como el amor que florece en el miedo,
como un abrazo que se da al borde del abismo.

Caminas unos metros,
y un hombre pinta sobre el puente
colores que ya no son suyos.
El azul se ha quebrado,
como un cielo que olvida ser reflejo
y se convierte en grieta.
El amarillo tiembla al viento,
cansado de existir solo en promesas,
mientras el rojo se desploma
como un beso que no alcanzó arder.

A lo lejos,
la ciudad respira en silencio.
Los edificios levantan sus rostros grises
al sol que muere sin testigos.
La luz se cae a pedazos,
como una memoria que nunca fue completa,
dibujando contornos
de cosas que no fueron hechas por manos humanas,
pero que laten, esperan,
como un niño que sueña su nombre en la oscuridad.

El tiempo se arrastra entre las grietas,
rozando la piel de los días
que pasan sin anunciarse,
como trenes que nadie alcanza.
Todo se transforma en humo y sombra,
en resplandor y ceniza,
y mientras algo nace,
algo más muere sin que nadie lo advierta.

Pero el río sigue,
su piel líquida toca lo que encuentra
y lo deja ir sin amarras.
Fluye porque no sabe hacer otra cosa,
como el deseo que arde
incluso cuando ya no hay cuerpos,
como la nostalgia que persiste
aunque nadie recuerde el origen del anhelo.

La ciudad pestañea en la noche,
luces como párpados temblorosos
en un rostro que nunca descansa.
Bajo el puente de Brooklyn,
la gente cruza sin saber

que también son río,
que son agua sin nombre,
instantes fugaces buscando sentido
en un mundo que nunca se detiene.

Y mientras tanto, el río insiste,
como un poema que nunca termina,
como un beso que flota entre dos orillas
y no sabe si partir o quedarse.
Todo lo que fuimos se diluye,
pero algo queda:
el roce de un momento, la sombra de un deseo,
el río bajo la ciudad despierta,
y el eco de todo lo que no dijimos,
latente, como un verso suspendido en la piel del agua.

Metro de Nueva York

Entro al vientre de la ciudad,
un túnel que se estira en la penumbra,
donde el tiempo pierde su forma
y el espacio es una piel sin dueño.
El vagón se llena de rostros fugaces,
máscaras urbanas con ojos cansados,
vidas cruzando sin tocarse,
como peces en el río eléctrico de la rutina.

Cada estación es un parpadeo,
un silencio que se rompe al abrirse las puertas,
dejando escapar corrientes de aire tibio
mezclado con los restos de mil conversaciones,
gritos ahogados, risas lejanas,
ecos que vibran en los huesos de los rieles.
Es el lenguaje del tránsito,
el idioma del movimiento continuo,
un idioma que se entiende sin palabras.

Adentro, los cuerpos se inclinan con el vaivén,
como si la gravedad fuera otra forma de diálogo.
Un anciano recita un poema de memoria,
secretos que se pierden en el mar de ruidos;
una mujer acaricia con dedos finos
la pantalla de su teléfono,
donde las fotos de otros mundos
iluminan un rostro que parece no estar aquí.
En cada vagón, hay una galaxia oculta,
un fragmento del caos que late en la urbe.

El tren avanza con su traqueteo familiar,
ritmo primitivo, latido metálico,
un mantra que desciende a lo profundo,
donde la oscuridad se vuelve espejo.
En este útero de hierro y humo,
la ciudad sueña despierta,
y sus habitantes, como células errantes,
se mueven, trabajan, olvidan.

Los túneles vibran con la memoria del paso,
sus muros llevan las marcas
de millones de historias que no se cuentan.
¿Quién escucha el secreto del subsuelo?
¿Quién recoge las palabras
que caen como hojas secas al fondo del vagón?

El tren no se detiene,
cruza barrios y fronteras invisibles,
de Brooklyn a Harlem,
del Bronx a Queens,
como una serpiente que devora la noche
y escupe a los pasajeros
hacia nuevas direcciones.
Cada puerta que se cierra es un umbral
hacia otro fragmento de la ciudad,
una oportunidad de perderse y reencontrarse.

Y ahí está él, el olvidado,
un hombre arrastrado por la marea química,
sus ojos hundidos en el abismo de otro universo.
El fentanilo lo lleva a un lugar donde el tiempo
no tiene urgencia y el dolor es humo.
Se sienta como un espectro,
apoyando su cabeza contra el frío del vagón,
mientras la máquina lo mece
como una madre distante.

Nueva York respira a través del tren,
sus pulmones de acero exhalan historias.
Las alcantarillas arrojan vapor
como bocas que hablan sin ser escuchadas.
Los pretzels, el asfalto mojado,
el humo de los taxis y la brisa del Hudson,
todo converge en un aroma
que solo esta ciudad puede fabricar.

Mi parada se acerca, pero no importa.
El viaje es un ciclo sin fin,
una cadencia que nunca se apaga.
El tren continúa,
y con él, la ciudad:
despierta, insomne, interminable,
llevando en sus venas
la promesa de sueños no contados,
de encuentros por venir
y silencios que esperan romperse
en el siguiente vagón.

Salgo, pero el eco persiste,
me acompaña como un murmullo bajo la piel.
El metro sigue su marcha
por las venas de esta criatura viva
que nunca descansa.
Nueva York no duerme:
se mueve, respira, olvida y recuerda,
siempre en tránsito,
como nosotros.

Ciudad de acero

A pesar de esta ciudad de acero,
donde los edificios se alzan como preguntas
sin respuesta,
llevo conmigo un silencio que no encaja aquí.

El ruido de las calles es una sombra pasajera,
un murmullo que se borra al tocar el aire,
y las aceras respiran vapores,
como si la tierra exhalara su fatiga.

La multitud fluye hacia todas partes,
como un río sin cauce.
Pero yo camino hacia adentro,
a un umbral donde la memoria tiembla,
donde aún late la silueta de mi hermana,
ligera como un aliento en invierno.

Murió en una calle que ya no existe,
en Yonkers,
un nombre que recito en voz baja,
como quien pronuncia un verso que se apaga.

En esa misma ciudad nació mi hija,
en ese rincón donde la vida y la muerte
se rozan apenas, sin reconocerse.
Un cruce sin señales,
una línea borrada en la niebla del tiempo.

Guardo todo esto,
como quien abraza el silencio dentro del ruido,
como quien lleva un hueco
en el centro de un pecho lleno de latidos.

Es la ciudad,
pero también el recuerdo,
un espacio suspendido más allá del tiempo,
donde las palabras caen despacio,
como edificios que se desploman en sueños.

¿Cuándo es la vida?

La gente en esta ciudad
vive en el aquí y el ahora,
como si el presente fuera suficiente
para empujar las puertas del mañana,
como si cada paso dado
fuera una promesa cumplida.

Pero el mañana nunca llega,
se escurre entre los días
como agua entre las manos,
como un tren que pasa
sin detenerse en ninguna estación.

—¿Qué es el mañana sino una sombra
que se alarga sin alcanzarse?
—¿Qué es el hoy sino un eco hueco
que rebota en las paredes del tiempo?

Corren por las calles,
buscan algo que no saben nombrar,
como si la vida fuera un objeto perdido
a la vuelta de cada esquina,
como si cada segundo tuviera
la clave para abrir el futuro.

—¿Es la vida este instante,
o el que está por venir?
—¿Es la espera una forma de vivir,
o solo un sueño disfrazado de esperanza?

La ciudad vibra en un pulso interminable,
sus habitantes persiguen el tiempo
como si fuera un animal escurridizo,
mientras los días se repiten
con la misma cadencia de un reloj roto.
Cada mañana es una promesa pospuesta,
cada noche una deuda sin pagar.

Viven atrapados en la idea del futuro,
una luz débil al final del horizonte
que nunca termina de revelarse,
un espejismo que los mantiene caminando
sin detenerse a mirar lo que ya es.

—¿Cuándo es la vida?
se preguntan sin pronunciarlo.
—¿Es ahora, en este segundo fugaz,
o en el mañana que no se atreve a llegar?

El futuro es un fantasma que los persigue,
un deseo que se alarga como sombra al atardecer,
pero cada paso es un paso hacia otro vacío,
cada día es un eco del anterior
que nunca termina de responder.

Corren sin mirar atrás,
buscan un sentido que se esconde en el aire,
como si la vida fuera un suspiro
que se escapó antes de ser inhalado.

—¿Es la vida el hoy,
que se desvanece en cuanto lo tocamos?
—¿Es la vida el mañana,
que siempre promete más
pero nunca entrega nada?

Caminan sin detenerse,
miran sin ver,
hablan sin escuchar.
Viven con la urgencia de quien
cree que la vida empieza mañana,
pero mañana nunca es suficiente.

El tiempo pasa,
y mientras tanto,
la vida se queda suspendida,
un sueño flotando entre el ayer y el ahora,
como una línea trazada en el agua,
como un viento que se pierde en la multitud.

—¿Es la vida ahora,
en el cruce de miradas
que se pierden en cada esquina?
—¿Es la vida el instante que huye
mientras nadie lo mira?

Se preguntan sin preguntarse,
y en la espera del futuro
se les escapa el presente,
como un río que pasa bajo un puente
sin que nadie lo note.

—¿Es la vida la espera,
o es el instante que sucede
mientras corremos tras otra cosa?

La ciudad sigue moviéndose,
en su caminar interminable,
una máquina de pasos y luces
que nunca se detiene.

Y mientras tanto, la vida
se queda en suspenso,
flotando entre lo que fue y lo que vendrá,
en un lugar que nadie sabe nombrar.

—¿Es la vida ahora,
o es el mañana que no llega?
—¿Es la vida lo que sucede
mientras la buscamos en otro lugar?

Nadie sabe cuándo será la vida,
pero siguen andando,
como si caminar fuera suficiente,
como si el tiempo, al avanzar,
fuera a entregarles al fin la respuesta.

Y así corren, esperan, sueñan,
como si la vida no fuera ya este segundo
que se disuelve entre las manos.

La ciudad que nunca fue

(A New York los emigrantes que deja su ciudad)

¿Por qué corres hacia mí,
Si soy está ciudad de cristal y acero,
como si en mis luces parpadeantes
encontraras la respuesta
que nunca tuve?

—Soy ciudad, pero no soy destino.
—Soy promesa incumplida,
un mapa sin coordenadas,
un espejismo que brilla y desvanece.

New York,
nombre que pronuncias como si al decirlo
encontraras un futuro,
como si las avenidas sin fin
y las torres que tocan el cielo
fueran algo más que sombras
que crecen y se desploman en la misma tarde.

El emigrante llega con el viento de otros mares,
con las huellas de su tierra
aún marcadas en los zapatos,
una lengua que sabe al polvo de caminos antiguos,
ojos que buscan el cielo que dejó atrás,
creyendo que el asfalto aquí se volverá hogar,
que el acero sabrá sostener sus pasos.

—¿Por qué esperas que mis calles te abracen,
si mi piel es fría como el vidrio que recubre mis torres?

—¿Por qué confías en un laberinto
que nunca tuvo salida?

Tus sueños nacieron en otro lugar,
en esquinas donde el viento aún canta,
en patios donde el tiempo se derrama lento,
donde los árboles son refugios
y las distancias se miden en pasos cortos,
en los gestos que cruzan miradas
sin necesidad de palabras.
Pero aquí, en este enjambre de concreto,
los sueños se parten en fragmentos invisibles,
se disuelven antes de tocar el suelo.

— Soy New York, pero no soy hogar.
— Soy la cascada de luces
que se deshace en tu mirada,
el relámpago que ilumina por un instante,
pero deja la oscuridad intacta.

El taxista que recorre avenidas interminables,
el médico que salva cuerpos
mientras pierde su alma,
el limpiador que borra los rastros de otros
pero nunca los suyos,
el ingeniero que dibuja futuros
que nunca serán suyos,
el abogado que enreda palabras
en un idioma que no siente en la piel.

Aquí están todos,
pero nadie es de aquí.
Sus cuerpos habitan estas calles,
pero sus corazones laten en otro tiempo,
en mercados que huelen a fruta fresca,

en playas donde el agua abraza la orilla
como una promesa cumplida,
en montañas donde el sol cae
sin ser un reflejo en un vidrio.

— ¿Qué esperas de mí,
si yo solo soy tránsito,
puerta abierta y salida invisible?
— Soy la ciudad que te prometió todo,
pero no entregó nada.

Corres tras un sueño que quema,
que se evapora en la humedad del verano,
se rompe en el frío del invierno,
un sueño que sube con el humo
y desaparece en el cielo gris.
Corres tras un futuro que se disfraza de ahora,
un futuro que nunca llega del todo.

— ¿Qué buscas en mis calles
que yo nunca ofrecí?
— Soy ciudad, pero no soy verdad.

Soy la ilusión,
la chispa que brilla un segundo
y se pierde entre los pliegues de la noche.
Extiendes la mano para atraparla,
pero soy aire,
escapo entre tus dedos.

— Soy New York,
pero no soy el sueño.
— Soy la sombra del sueño que te trajo aquí,
pero no el lugar donde se hará realidad.

Aquí, en mis avenidas y plazas,
eres uno más que llega
cargando con preguntas
y se marcha con más preguntas todavía.
Nadie se queda del todo,
nadie se va por completo.

Tus pasos quedan aquí,
pero tu sombra ya está en otro lugar.
La ciudad que prometía lo imposible
te deja con las manos vacías,
como un amante que nunca llega a tiempo,
como un reloj que marca siempre el mismo minuto,
un tren que nunca termina de partir.

Y así avanzas,
sigues buscando algo más allá de mis rascacielos,
más allá del vidrio y el acero.
Sabes que aquí no hallarás respuestas,
pero aún caminas, aún insistes,
como si esta ciudad fuera el puente
hacia el sueño que ya no recuerdas.

— Soy la ciudad que nunca fue,
la promesa que se desvanece.
— Soy tránsito, soy reflejo,
soy el cruce entre lo que dejas
y lo que no encuentras.

Pero sigues,
porque no hay otro camino
que el de seguir buscando,
y mi laberinto, aunque incierto,
es el único que aún avanza.

ÍNDICE

TRES POETAS EN NEW YORK

Esta obra
se acabó de imprimir
con los auspicios de
Charo Fierro y
Antonio J. Huerga, editores

FINIS CORONAT OPUS